目次

問題1 外山滋比古の文による

▼本冊10ページ参照
（制限時間20分）

次の文章を読んで、あとの問いに答えよ。（ただし、⑴〜⑺は、段落を示すものである）

われわれは、ものを読むときには、テクストの文字、文章を、あるがままに見、読んでいると考えている。

(1) 実際は、しかし、決してそうではない。いかなる読者にも必ずなにがしかの先入主がある。知識、思想、習慣、信念など比較的恒常的なものもあれば、一時的気分、好悪といったものもあろう。一人一人違う個性は、ことばをかえれば、先入主の塊のようなものであるから、先入主の全くない人は人間ではなくなる。読者にはそういう広義の先入主の網が幾重にもはりめぐらされていて、それぞれ掩蔽《えんぺい》を起こす。だから、人がものを読めば、決してあるがままに読まないし、また、読めもしない。

(2) 個性としての先入主が掩蔽を起こし、テクストの上に光の当る部分とそれによってかくれる影の部分を生ずる。影の部分は、読めども読まれないことになる。このように、読書から受け取られるものは、心理的に見えているところと、見えていないところに分れるが、後者の見えないところは意識されないから、読者は、光の当るテクストの部分だけでつくるパースペクティブ（展望）の世界を奥へ奥へと分け進んで行くことになる。一人一人の読者がある作品の中においてもったパースペクティブはめいめいにとって絶対的なものと考えられるかもしれないが、それはあくまで相対的なものにすぎない。別の読者は、同じテクストからかなり違った心象の世界を読みとることができるのである。

(3)　その違いを生ずる遮蔽は、いろいろあるが、臨時的なものとして、読書をするときの気分が関係するらしいことはよく知られている。心楽しまぬときに気分転換のつもりでユーモア小説を読んでも、一向に興のわかぬことが多いし、病床で読むものには実際以上に感傷を覚えることがあるが、これらは、読書時の気分が遮蔽として働き、テクストの特定要素を強調したり、抑制したりしているらしいことを暗示している。

(4)　前に読んで大してカン(B)メイしなかった作品が、時を経て再読してみると、大いに共鳴するということがあるかと思うと、反対に、かつて感激した本が、二度目に読んであまりおもしろくないということもある。それは、読者の側における人間的成長ということのほかに、はじめと二度目とでは、読み方に働いている先入主が変っているのだと説明することもできるのである。知的パースペクティブを決定する先入主、遮蔽が違えば、同じテクストから異なった世界が読みとられても不思議ではない。それぞれで読後の感想が変ってくる。

(5)　同じ景色を眺めるにしても、離れて立つ二人には、全く同じものには見えないであろう。それと同じことが、精神活動のすべての分野において起こるのである。人々はめいめい自分の見た景色を絶対だと思っている。それは必ずしも妥当ではないが、人間にはそういう自己中心主義があるから生きていかれるようなものである。

(6)　時と処《ところ》によって変る気分的なものもあって、読書にあたって働く先入主を一々の読者について追究することはとてもできないことであるが、個人個人にいくらか固定している先入主の方は観察できる。そういう恒常的遮蔽は、ある癖のある読み方をする傾向をもつようになり、その癖がテクストの中からあるコンテクスト（文脈）の枠を作り上げる働きをもつ。そしてコンテクストの枠ができると、今度はそれが遮蔽になって、それから後に続くコンテクストの流れを規制するようになる。

(7)　個人のもっている恒常的パタンはめいめいのもっている言語的特徴に表れる。いわゆる個人言語というものが、その人の先入主の体系のインデックス（目次）になるのである。個人言語が先入主となり、その人にとっては ① ものを(D)オオい去りやすい。別なことばで言えば、個人言語の中に繰り込まれているものは読み取りやすく、そうでないものは読み落す可能性が高くなるのである。

個人の場合と同じように社会や民族でも言語体系が遮蔽となっているものである。以上述べたところからも明らかなように、その遮蔽は同時に ② のである。

問一 傍線部(B)・(D)のカタカナに当てはまる漢字と同じ漢字を、カタカナの部分に用いる単語はどれか。それぞれ次の(B)・(D)群の(イ)〜(ホ)から選び、その符号の記入欄（省略）にマークせよ。

(B) (イ) メイ脈 (ロ) メイ妄 (ハ) メイ察 (ニ) メイ匠 (ホ) メイ柄

(D) (イ) 感プク (ロ) 全プク (ハ) 転プク (ニ) フク製 (ホ) フク籍

問二 次の文は、右の本文中から抜き出した一段落である。本文(1)〜(7)の段落のどれの次に置いたらよいか。該当する番号の記入欄（省略）にマークせよ。

同じ文章でも、朝読むのと夜読むのとでは、感じが違うものである。これも、朝と夜との生活的条件の相違が同一テクストから違ったものを引き出しているのであろう。

問三　空欄［①］・［②］をうめるのに最も適当なものを、それぞれ次の①群㈠～㈥・②群㈠～㈤から選び、その符号の記入欄（省略）にマークせよ。

①
(イ) あまり遮蔽として感じない
(ロ) まだことばとして存在しない
(ハ) すでに心象として成立している
(ニ) 決して体験として自覚されることのない
(ホ) もはや恒常的パタンとして整理されている
(ヘ) やっとインデックスとして登録されかかった

②
(イ) 真実を遠ざける原因でもあるが、それはまた、接近にもなる
(ロ) 個性を伝える媒介でもあるが、それはまた、障害にもなる
(ハ) 共感を深める契機でもあるが、それはまた、反発にもなる
(ニ) 理解を営む母胎でもあるが、それはまた、盲点にもなる
(ホ) 固執を生む要件でもあるが、それはまた、深化にもなる

（早稲田大学）

参考問題

▼本冊58ページ参照

われわれが「論理」と呼ぶものは、三歳の童子にでもできる若干の語の使い方を基礎にしている。「……でない」という否定詞、「……かまたは……」という選言詞、「……でありまた……」という連言詞、「……はみんな」という総括の言葉、それに「何々は……である」の「である」、この五つの語がどのように使われるかを規則の形で書きあげたのが「論理学」なのである。もっともこれらの語の使い方は人によって多少違いがあるので標準的な使用法をまぎれのない形で設定することは必要である。その規則も至極単純なもので、例えば、「ＡでありまたＢである」ならば「Ａである」、といった式のものである。しかしこういう単純な語の単純な使用規則を組み合わせると、われわれが「論理」といっているもののすべてがでてくるのである。

だから「論理的である」、つまり「論理的に正しい」ということもこれらの規則の正しい組み合わせであるということにほかならない。だが、それはとにかくも言葉の使用規則の組み合わせなのだから、でてくるものもまた規則である。ということは、それらは事実についての情報を全然もっていないということである。六法全書をいくらひっくり返してみても誰《だれ》がいつどこで誰の金を盗んだといった事実情報が全然でてこないのと同様である。事実的な情報がゼロだということを裏返せば、事実がどうあろうと、世界がどう動こうが正しい、ということである。それが、論理学の普遍性とか必然性とかいわれるものである。何が何であろうと明日は雨か雨ではない、それはそうであろう。

同じことが「論理的な話の進め方」についてもいえる。こうこうである、だからこうなる、とか、かくかくである、なぜならこうこうであるから、といった話がもし論理的に正しいものであるのならそれは何がどうであれ正しいのである。事実はこうこうであろうがあるまいが、もしこうこうならば何であれこうなるのである。ではこのようにある前提なり理由なりからある帰結を引き出すのが「論理的に正しい」とはどういう場合なのか。それは先にあげた五つの言葉の使用規則の通りに従った場合である。

「ここのお菓子はみんなお前のだよ」と言っておいて、その一つを私がつまむと子供は怒るだろう。私が規則違反をしたからである。「ここのお菓子はみんなお前のだ」と言うとき、それは「このお菓子はお前のもの」、「その隣のお菓子もお前のもの」、……といったことを言うことなのである。だからあらためて「このお菓子はお前のもの」と言うことは、もうすでに前に言ってしまったことを繰り返して言うことなのである。すでに一度述べたことをあらためて再度繰り返す、間違いっこはない、だから論理的に正しいのである。前提から帰結を正しく引き出すとは、五つの基本語の規則に従って前提ですでに述べたことを帰結で再度述べることなのである。もしも始めに言ったこと以上の情報を与えたならばそれは少なくとも論理的には正しくないはずである。だから同じことを繰り返す、つまり、冗長であることが論理的であることなのである。

問題 2　藤沢令夫『言葉』

▼本冊48ページ参照

（制限時間30分）

次の文章を読んで、あとの問いに答えよ。

夕暮れちかく、私はいま、窓の外に濃淡をなして重なり繁る緑の木の葉に見入っている、とする。家人から「いま何をしていますか」と聞かれたら、私は、よほど機嫌のよいときなら「窓の外の緑の木の葉をながめている」とでも言うだろうが、ふつうならただ「外をながめている」とか、あるいはおそらく、「何もしていない」とだけ返事をするであろう。安定した日常生活のなかでは、特別のことでもないかぎり、言葉は簡単に無造作に使われ、そしてそれで充分に事は足りる。 (1) われわれはなるべく簡便に事を足らせるためにこそ、言葉を使う。(A)

けれども かりにもし私が、この樹々の葉の重なりが夕方の光のなかでつくり出している緑の光彩と陰影に特殊な感動をおぼえて、その様子を私自身のためにせよ、他人のためにせよ、正確にそのまま描写して伝えたいという衝動にかられたとしたら、事情はたちまち一変するであろう。むろん、先に言われた(X)「私は緑の木の葉をながめている」という文などは、私が感動し、私が痛切に記述したいと欲しているものを、まったく何ひとつ伝えてはいない。だいいち、私は「緑の木の葉」などという大ざっぱで一般的なものを見ているのではない。私が描写し記述したいと思うのは、他のどれでもないほかならぬこの樹々の葉の、ほかならぬいまこの現在この時刻における、このただ一回きりの色調なのである。それは、夕暮れの不思議な大気の光のなかで刻々とその濃淡と彩りを変え、その変化そのものが私の心情に微妙な作用をあたえている。逆にまた、その私の心情、そしてそのときの私の個体内条件のすべてが、私の知覚内容にやはり刻々と参与して、影響をあたえる。(B)

「緑の木の葉」という言葉の向こう側には、このような純個別的で純瞬間的な「事象」の具体的全体がある。[(2)] 言葉はその本性上、一般的なものを固定的にしか表現できないようにできている。私は、あらゆる形容と修飾の語を総動員して、「緑の木の葉」という言葉を拡大し、たとい百万語を費やそうとも、この純個別的な具体的全体を埋めつくして、私の現に見ているものをそのまま伝えることは、ついにできないであろう。(C)

言葉は、絵が事物を描写しうるほどには事物を描写することができず、音楽が感動を表現しうるようには感情を表現することができない。人がどこまでも自然ありのままのものや自分だけのかけがえのないものを尊重し、自己自身に誠実であろうとして、しかも言葉と事象とのあいだの、本来的に避けられない距離とギャップを切実に経験するとき、その人はしばしば、ミソロゴス（言葉ぎらい）の心情におちいるであろう。言葉と事象とのあいだのこのようなギャップは、人間のもっと一般的な生き方の場面においては、言葉と行為との対比のかたちをとって現われる。人びとは「不言実行」と言い、「言うは易く行なうは難し」と言う。ミソロゴスという言葉も、それが出てくるプラトンの対話篇『ラケス』では、もともとこの関連で使われていた。がんらいあまりにも美しい言葉は、何かそれだけで人に警戒心を起こさせるものがあり、あまりにも口達者な人は、そのことだけでうとまれる傾向さえある。逆にまた、自分の行為を人に説明しようとして、話してもしょせん分かってはもらえまいと思い、あるいは自分と相対立する立場を前にして、話し合っても無駄だと感じるとき、われわれのミソロゴスと言葉への不信は、かなり根ぶかいものがあるといわねばならぬ。(D)

しかしながら、もともと言葉に対応するもの、言葉が指し示そうと意図しているものへの、注意と凝視があればこそ、両者のあいだの距離と断絶もまた、つよく意識されるのであって、この注意と凝視がはじめから不在であるならば、人は容易に言葉を信じ言葉に没入するであろう。かくて、自分の言葉に単純に陶酔できる楽天的な詩人や作家や弁論家や思想家は、実状としてむしろあまりにも多いのである。先のミソロゴスに対して、これらの人びとは、「ひとりよがりのピロロゴス（言葉好き）」とでも呼ばれるべきであろう。(E)

　現代は、マス・メディアと呼ばれるものの圧倒的な発達に支えられた、情報と宣伝の時代であり、つまり、言葉の氾濫の時代である。(Y)言葉が本来もっている公共性と社会性は、たんなる名目にすぎぬものに対しても、容易に実在の仮象をあたえる。 (3) 言葉の氾濫のなかに生きて、われわれは言葉に麻痺し、それがいかなる事実に対応するかを自分で確かめるという手続きの完全な省略のもとに、言葉を受けとめ言葉を使うように、刻々と習慣づけられているのである。現代を支配しているのは、言葉への (4) であるよりは、やはり言葉への (5) であろう。もともと、動物のなかでただ人間だけが、「愛」「自由」「正義」「祖国」「平和」「革命」等々の言葉のために、自分の生命さえも捨てることができる。このことは人間の光栄であり、その言葉の内実すべての把握と確認のもとになされるとき、かぎりなく尊いけれども、言葉をわけもわからずに信用することによる危険と悲惨

の可能性もまた、きわめて大きいといわねばならぬ。(F)

いつの時代においても、特定の権力や特定の集団が宣伝する名目を信じこんで踊らされるのは、ひごろ「ひとりよがりのピロロゴス」であるような種類の人びとなのであって、(Z)このことは偶然ではない。われわれは、われわれ自身の生活のもっとも基本的な場面において、まずこの種のピロロゴスであることを断じて拒否しなければならぬ。さればとてしかし、先のミソロゴスの立場が、はたして人間としてあるべき最終的な立場であろうか。

(G)

「ミソロゴス」が「ミサントローポス」（人間ぎらい）とならんでかなり大きく扱われているプラトンのもうひとつの対話篇『パイドン』では、ちょうど「人間ぎらい」の根本原因が、人間性に関する洞察と心得なしに特定の人間を安易に信じることにあるように、ミソロゴスの心情もまた、根本においては、言葉（ロゴス）に関する真の認識の欠如から由来すると言われている。そして、ミソロゴスの人は、そのような自分をとがめる代わりに、苦しまぎれにすべての責任をロゴスのほうに押しやることで満足し、それから後は生涯ロゴスを憎みつづけるけれども、しかし責はもともと自分自身の無知にあるのだと、注意される。われわれもまた、この『パイドン』の注意にしたがって、言葉の限界と欠陥らしきものを早急に断定して言葉を責めるより前に、そもそも人間にとって言葉とは何であるかを、もうすこし見きわめることに努めなければならないだろう。(H)

問一 空欄(1)〜(3)に入れるのに最も適当な語句を、それぞれ次の中から選び、その記号を答えよ。ただし、各語句は一度しか用いてはならない。

(イ) まして　(ロ) やはり　(ハ) あるいはむしろ　(ニ) これに反して
(ホ) いやしくも

問二 空欄(4)・(5)に入れるのに最も適当な語を、それぞれ次の片仮名の語群から一つ選び、漢字になおして書け。

(4) キタイ　ゲンメツ　ブベツ　カイギ
(5) ゲンソウ　ケイシン　ケンオ　シュウチャク

問三 次の文(I)・(II)は、それぞれ本文の各段落の末尾(A)〜(H)のいずれかに入る。その記号をそれぞれ答えよ。

(I) 人は、ただ口をつぐみ、自分の内にとじこもる。

(II)　言葉はしょせん、「事」の「端《は》」でしかない。

問四

傍線(X)・(Y)に対する説明として最もふさわしいものを、次の(X)群・(Y)群からそれぞれ一つ選び、その記号を答えよ。

(X)群

(ヘ)　「ミドリノコノハ」という音声とそれが指示する事象との間には必然的な結びつきは存在しないのだから、言葉とはいわば社会的約束にすぎない。

(ト)　「ミドリノコノハ」という音声はそれを聞いた人びとの意識中に多様なイメージを生じさせるので、言葉とはしょせん不正確なものでしかない。

(チ)　「私は緑の木の葉をながめている」という文は「私」がどのように感動したかを記述していないから、「私」の体験のすべてを伝えうる文にはなっていない。

(リ)　「緑の木の葉」という言葉はそれを発した人の直接的体験にとって代わることができないが、それは結局言葉の限界にほかならない。

(ヌ)　「緑の木の葉」という言葉はそれが指示する事象を越えた意味をもつことがあるが、そのためにかえって他者への伝達が困難になってしまう。

(Y)群

(ル) 言葉は、現実とは別の世界を築きあげる力をもっているので、現実そのものが言葉を通じて虚構化されることがある。

(ヲ) 言葉は、公共の使用に供されるべきものなので、あらゆる事象は言語化された瞬間からいやおうなしに社会性を帯びることがある。

(ワ) 言葉は、コミュニケーションの手段なので、この目的のために現実の世界がもっている個別性と具体性を奪い取ってしまうことがある。

(カ) 言葉は、人びとによって共有されるものなので、実態をもたない観念や幻想が現実であるかのように受けとめられることがある。

(ヨ) 言葉は、万人によって用いられるものなので、つねに最大多数の意思に迎合する傾向があり、ありもしないものをでっちあげることがある。

問五 傍線(Z)の内容に最も近いものを、次の文(タ)〜(ネ)から一つ選び、その記号を答えよ。

(タ) 動物のなかで人間だけが抽象的な観念のために命を捨てることができるが、それは言葉の本質に潜む力のためなので、けっして偶然ではない。

(レ) 動物のなかで人間だけが感性による把握を越えた言葉に酔うことができるが、それは人間が自然状態を離れたためなので、けっして偶然ではない。

(ソ)　現代人は内容を確かめずに言葉を使うのに慣れてしまったので、彼らが耳に快い言葉にとびつくのはけっして偶然ではない。

(ツ)　言葉による自己陶酔を好む人びとが特定のイデオロギーに同化しやすいのは、言葉を、自分を美しく映す鏡としか考えていないからで、けっして偶然ではない。

(ネ)　言葉による自己陶酔を好む人びとが特定の意図をもつ主張を信じこみやすいのは、言葉とその対象との距離に気がつかないからで、けっして偶然ではない。

問六　本文の論旨から見て最も適当なものを、次の(ナ)～(ヰ)から一つ選び、その記号を答えよ。

(ナ)　言葉をその向こう側の世界とのへだたりゆえに信用しない人は、言葉と人間の関係に潜む可能性を封じてしまうことになる。

(ラ)　言葉はありのままのものを直接表現できないのだから、最も有効な表現行為はそのものを指さすことだけである。

(ム)　言葉と現実との間の深い溝は、言葉への注意と凝視によってはじめて消滅させることができる。

(ウ) 言葉に人格や実行動の裏づけが伴わないとき、その人が美しい言葉で語れば語るほど、それを聞く人はいっそうピロロゴスになる。

(ヰ) マス・メディアの発達は言葉と現実とのあいだのギャップをおおいかくすので、現代人のミソロゴス的傾向がますます強まることになる。

(早稲田大学)

問題3　上田三四二の文章に基づく

▼本冊105ページ参照

（制限時間20分）

次の文章を読んで、あとの問いに答えよ。

漱石の嘆きとして知られているものに、彼はあれほど英語に堪能であったにもかかわらず英詩の本当のところはわからず、漢文の勉強に注いだ時間のほどは知れているのに、漢詩のわかりようは英詩の比ではなかった、というのがあった。漢文から日本語へは一跨《ひとまた》ぎである。漱石の体験は、文学の本当の理解は母国語のうちにしかあり得ないということだった。

人間が育つとは半ば以上言葉の中で育つことだが、こうして生まれながらにして身につけて来た言葉には、意味以上の意味がある。それは単味ではなく、また辞書におけるような複数の意味の羅列でもなく、いわば味の複合体だ。どんな単純な言葉でも、むしろ単純な言葉ほどかえって、量りがたく、複雑な味を湛《たた》えている。「『春』といふ言葉一つでも、活《い》きかへつて来た時の私のよろこびは、どんなだつたろう」（「春を待ちつつ」）と藤村は言つた。そのように、いま「家」の一語を取り出してみても、この一語の荷《にな》う言葉の味わいには言い知れぬ深さが感じられる。私たちはふつう、それを深い味わいにおいて用いることなく、単なる符牒《ふちょう》として用いているだろう。現象としてはそのとおりであり、それは日常のみならず文学の場においてさえ多くそうであるが、しかし意識の底において、言葉が単なる符牒にとどまることはけっしてない。「家」の語は、たとえば田舎に生れた者と都会に育った者との間に、(1)ヒョウショウするものの相違を生みながら、またその家庭や環境のちがいによって百人百様の感情の波長をそこにまつわらせながら、根本において、共通する何かを有機的ともいうべき意味に満ちて、言い換えれば歴史的・伝統的な意味に満ちて、人間の心に生きている。人がこの語を唇にのぼせ、また紙の上にあらわすとき、彼は大方言葉の平凡さに慣れて由緒を忘れているかも知れない。しかし(A)言葉は言葉みずからの由緒を忘れることはない。文学の仕事は、この忘れがちな言葉の由緒にすすんで挨拶を送るところからはじまる。鷗外はそれを(2)イガタを出たばかりの貨幣に譬《たと》えた。銹《さ》びず、汚れず、本来の(a)文理《もんり》をくっきりと刻印した言葉……しかしこの比喩は私にはあまりに無機的、唯物的に思われる。

私はこう言おうと思う。言葉は言葉の周辺に、微妙な感情のゼラチンを、蛙の卵のようにまとっている、と。周辺というのは正しくない。言葉は言葉自身の内実において、すなわちそれの持つ語の響きそのもののうちに、感情を含んでいるのであるが、比喩の便宜をもっていえば、私たちの語る言葉、書く文章は、本当の理解をこのゼラチンに負うているのではあるまいか。法律と科学の用語は、また一概には言いがたい哲学の用語も、何よりも先ず概念の規定に神経を尖《とが》らせて、意味の周辺にまつわる曖昧《あいまい》さの(3)ジョキョにつとめるだろう。そこには、言葉の剝製《はくせい》をもって生きた言葉に代える困難が生じる。文学とて、言葉の曖昧さの上に趺坐《あぐら》をかいているわけではない。文学もまた能《あた》うかぎり明晰《めいせき》に語ろうとするが、文学において、明晰に語ろうとする意志は、その口籠《くちご》もりに終る結果と矛盾しない。表現を志す者にとって言葉とは(b)御しがたい何かであり、用いようとする一語一語には(B)言いがたい匂いと翳《かげ》りがあり、語の繋《つな》がりには無限のあやと可能性がある。言葉を選ぶことは(c)懼《おそ》れを伴う一つの賭《かけ》であり、あるいは祈りを伴う一つの試みである。彼はそのような試みによってやっと到達した一個の言いまわしを紙の上に置く。それがどのように彼自身に伝え得ているか、あとは言葉任せであるが、そこにおいて蛙の卵が蛙の卵であることはほとんど何の役にも立たない。それは自明の前提にすぎない。彼はその自明の前提に立って、意味が意味を越えて溢《あふ》れ出るゼラチンのふるえ、ふくらみ、一般にニュアンスと呼ばれるものよりももう少しふかい言葉本来の精気ともいうべきものに助けられて、表現を成就するのである。

問一 傍線部(1)〜(3)のカタカナを漢字（楷書《かいしょ》）に改めなさい。

問二 傍線部(a)〜(c)の語の、問題文中での意味として最もふさわしいものを、それぞれ次の(イ)〜(ホ)の中から一つずつ選びなさい。

(a) (イ) 文学と科学　(ロ) 文科と理科　(ハ) 物事の筋目
(ニ) 文章のあや　(ホ) 貨幣の性質

(b) (イ) 使いこなしにくい　(ロ) 付き合いきれない
(ハ) 尊敬しにくい　(ニ) 理解しにくい
(ホ) 汚れにくい

(c) (イ) 信仰　(ロ) 恐怖　(ハ) 感情　(ニ) 誤解　(ホ) 畏敬

問三 問題文中に用いられている「ゼラチン」・「蛙の卵」の比喩内容として最もふさわしいものを、それぞれ次の(イ)〜(ホ)の中から、一つずつ選びなさい。

ゼラチン　(イ) 波長　(ロ) 伝統　(ハ) 精気
(ニ) ニュアンス　(ホ) 曖昧さ

蛙の卵　(イ) 意味としての言葉　(ロ) 意味を越えた言葉
(ハ) 剝製となった言葉　(ニ) 口籠りに終る言葉
(ホ) 何か有機的な言葉

問四 傍線部(A)「言葉は言葉みずからの由緒を忘れることはない。」の意味として最もふさわしいものを、次の(イ)〜(ホ)の中から一つ選びなさい。

(イ) 言葉は、有機的に用いられるとき、その平凡な意味の重さがはじめて理解され、十全な効力を発揮する。

(ロ) 言葉は、言葉自身が根源的に持っている意味の枠から一歩も逸脱しないから、適正な表現が可能となる。

(ハ) 言葉は、その国やそれを用いる者の歴史と伝統を背負っており、それを決して捨て切ることはできない。

(ニ) 言葉は、それを用いる人によって微妙に意味が異なり、それを完全に一致させたりすることはできない。

(ホ) 言葉は、先ず剝製として存在し、それを生きた言葉に代えようとすると途方もなく大きな困難が生じる。

問五 傍線部(B)「言いがたい匂いと翳り」に対立する意味内容をもった五文字の語句を、問題文中から二つ抜き出しなさい。

問六 波線部「彼はあれほど英語に……比ではなかった、」について、漱石が「英詩の本当のところはわから」なかったのはなぜか。その理由として最もふさわしいものを、次の(イ)〜(ホ)の中から一つ選びなさい。

(イ) 言葉の平凡さに慣れ、その言葉の由緒をすっかり失念してしまっていたから。

(ロ) 概念の規定に神経を尖《とが》らせて、意味のあいまいさを取りのぞくだけだったから。

(ハ) 言葉の持つ歴史的伝統的な意味を無視して、今日的な意味の理解に専念したから。

(ニ) 意味が意味を越えて溢れ出る、言葉の深い味わいを感得する可能性を備えていなかったから。

(ホ) 言葉を懸命に理解しようとしたにもかかわらず、十分な慣れや祈りがそれに伴わなかったから。

問七 「言葉」に対する筆者の考えとして最もふさわしいものを、次の(イ)〜(ホ)の中から一つ選びなさい。

(イ) 母国語と外国語との間には永遠に越えることのできない障壁が存在する。しかし、外国語を理解しようと志す者はその障壁の彼方《かなた》にある言葉の平凡さに注目しつつ、一方では明晰に語ろうとする意志を忘れるべきではない。

(ロ) 言葉はそれがいかに明晰に表現されたとしても、その意味の周辺には必ず曖昧さをまつわらせているものである。だから、明晰に表現しようとするよりも、表現された言葉そのものの理解を言葉任せにするほうがよい。これは自明の理である。

(ハ) ひとつの事実を表現しようとする場合、いくつもの表現が可能である。しかし、用いようとする一語一語の持つ、言いがたい匂いと翳りをよく吟味し、選択して表現することにより、ニュアンスをこえた表現を獲得することができる。

(ニ) 言葉はその周辺に微妙な感情のゼラチンを、蛙の卵のようにまとっている。しかし、私たちの語る言葉、書く文章はこのゼラチンを取りのぞく作業によってこそ伝達可能となり、他人との理解もそこからはじめて出発することになる。

(ホ) 言葉は、意味としてのみ死んだように存在するのではなく、意味以上の意味として存在する。だから、言葉による表現を志す者も、またそれを理解しようとする者も、言葉に対する懼れや祈りを常に忘れてはならない。

(国学院大学)

問題4 芥川龍之介『秋』

▼本冊142ページ参照

（制限時間25分）

次の文章は、芥川龍之介の小説『秋』の一節で、大阪に住んでいる主人公の信子が、東京に住んでいる妹夫婦（照子と俊吉）の新居を初めて訪れた時のことを描いている。姉妹のいとこに当たる俊吉は作家で、信子もかつては作家を志望しており、俊吉と結婚するものと周囲から見られていた。これを読んで、あとの問いに答えよ。

そこへ女中も帰って来た。俊吉はその女中の手から、何枚かのはがきを受け取ると、早速側《そば》の机へ向かって、せっせとペンを動かし始めた。照子は女中も留守だったことが、意外らしい気色を見せた。「じゃお姉様がいらしった時は、誰《だれ》も家《うち》にいなかったの。」「ええ、俊さんだけ。」——信子はこう答えることが、平気を強いるような心もちがした。すると俊吉が向こうを向いたなり、「ⓐ旦那様《だんなさま》に感謝しろ。その茶も僕が入れたんだ。」と言った。照子は姉と眼《め》を見合わせて、悪戯《いたずら》そうにくすりと笑った。が、夫にはわざとらしく、何とも返事をしなかった。

間もなく信子は、妹夫婦と一しょに、晩飯の食卓を囲むことになった。照子の説明するところによると、膳《ぜん》に上《のぼ》った玉子はみな、家の鶏が産んだものであった。俊吉は信子に葡《ぶ》萄酒《どうしゅ》をすすめながら、「人間の生活は掠奪《りゃくだつ》で持っているんだね。小はこの玉子から――」なぞと社会主義じみた理屈を並べたりした。その癖ここにいる三人の中《うち》で、一番玉子に愛着のあるのは俊吉自身に違いなかった。照子はそれが可笑《おか》しいと言って、子供のような笑い声を立てた。信子はこういう食卓の空気にも、遠い松林の中にある、寂しい茶の間の暮れ方を思い出さずにはいられなかった。

話は食後の果物を荒らした後も尽きなかった。微酔を帯びた俊吉は、夜長の電灯の下にあぐらをかいて、盛んに彼一流の(ア)詭弁《きべん》を弄《ろう》した。その(イ)談論風発が、もう一度信子を若返らせた。彼女は(ウ)熱のある眼つきをして、「私も小説を書き出そうかしら。」と言った。すると従兄《いとこ》は返事をする代わりに、(注)グウルモンの警句を抛《ほう》りつけた。それは「(注)ミュウズたちは女だから、彼らを自由に虜《とりこ》にするものは、男だけだ。」という言葉であった。信子と照子とは同盟して、グウルモンの権威を認めなかった。「じゃ女でなけりゃ、音楽家になれなくって？(注)アポロは男じゃありませんか。」――照子は真面目《まじめ》にこんなことまで言った。

その暇に夜が更けた。信子はとうとう泊まることになった。

寝る前に俊吉は、縁側の雨戸を一枚開けて、寝間着のまま狭い庭へ下りた。それから誰を呼ぶともなく「ちょいと出てごらん。好《い》い月だから。」と声をかけた。信子は独り彼の後から、沓《くつ》脱ぎの庭下駄《にわげた》へ足を下ろした。足袋を脱いだ彼女の足には、冷たい露の感じがあった。

月は庭の隅にある、痩《や》せがれた檜《ひのき》の梢《こずえ》にあった。従兄はその檜の下に立って、うす明るい夜空を眺めていた。「大へん草が生えているのね。」——信子は荒れた庭を気味悪そうに、おずおず彼のいる方へ歩み寄った。が、彼はやはり空を見ながら、「十三夜かな。」と呟《つぶや》いただけであった。

暫《しばら》く沈黙が続いた後、俊吉は静かに眼を返して、「鶏小屋へ行って見ようか。」と言った。信子は黙って頷《うなず》いた。鶏小屋はちょうど檜とは反対の庭の隅にあった。二人は肩を並べながら、ゆっくりそこまで歩いて行った。しかし蓆《むしろ》囲いの内には、ただ鶏の匂《におい》のする、朧《おぼろ》げな光と影ばかりがあった。俊吉はその小屋を覗《のぞ》いて見て、ほとんど独り言かと思うように、「寝ている。」と彼女に囁《ささや》いた。「ⓑ玉子を人に取られた鶏が。」——信子は草の中に佇《たたず》んだまま、そう考えずにはいられなかった。……

二人が庭から帰って来ると、照子は夫の机の前に、ぼんやり電灯を眺めていた。青い横(注)ばいがたった一つ、笠《かさ》に這《は》っている電灯を。

翌朝俊吉は一(注)張羅の背広を着て、食後そうそう玄関へ行った。何でも亡友の一周忌の墓参をするのだとかいうことであった。「好いかい。待っているんだぜ。午頃《ひるごろ》までにゃきっと帰って来るから。」——彼は外套《がいとう》をひっかけながら、こう信子に念を押した。が彼女は華奢《きゃしゃ》な手に彼の中(注)折れを持ったまま、黙って微笑したばかりであった。

照子は夫を送り出すと、姉を長火鉢の向こうに招じて、まめまめしく茶をすすめなどした。隣の奥さんの話、訪問記者の話、それから俊吉と見に行ったある外国の歌劇団の話、——その外愉快なるべき話題が、彼女にはまだいろいろあるらしかった。が、信子の心は沈んでいた。彼女はふと気がつくと、いつも好い加減な返事ばかりしている彼女自身がそこにあった。それがとうとうしまいには、照子の眼にさえ止まるようになった。妹は心配そうに彼女の顔を覗きこんで、「どうして？」と尋ねてくれたりした。しかし信子にもどうしたのか、はっきりしたことはわからなかった。

柱時計が十時を打った時、信子は懶《ものう》そうな眼を挙げて、「俊さんはなかなか帰りそうもないわね。」と言った。照子も姉の言葉につれて、ちょいと時計を仰いだが、これは存外冷淡に、「まだ——」とだけしか答えなかった。信子にはその言葉の中に、夫の愛に飽き足りている新妻の心があるような気がした。そう思うといよいよ彼女の気もちは、憂鬱《ゆううつ》に傾かずにはいられなかった。

「照さんは幸福ね。」――信子は顎《あご》を半襟に埋《うず》めながら、冗談のようにこう言った。が、自然とそこへ忍びこんだ、真面目な羨望《せんぼう》の調子だけは、どうすることもできなかった。照子はしかし無邪気らしく、やはり活《い》き活《い》きと微笑しながら、「ⓒ覚えていらっしゃい。」と睨《にら》む真似《まね》をした。それからすぐにまた「お姉様だって幸福の癖に。」と、甘えるようにつけ加えた。そのことばがぴしりと信子を打った。

　彼女は心もち眶《まぶた》を上げて、「そう思って？」と問い返した。問い返して、すぐに(A)後悔した。照子は一瞬間妙な顔をして、姉と眼を見合わせた。その顔にもまた蔽《おお》い難い(B)後悔の色が動いていた。信子は強いて微笑した。――「そう思われるだけでも幸福ね。」

　二人の間には沈黙が来た。彼らは柱時計の時を刻む下に、長火鉢の鉄瓶がたぎる音を聞くともなく聞き澄ませていた。

「でもお兄様はお優しくはなくって？」――やがて照子は小さな声で、恐る恐るこう尋ねた。その声の中には明らかに、気の毒そうな響きが籠《こも》っていた。が、この場合信子の心は、何よりも憐憫《れんびん》を反発した。ⓓ彼女は新聞を膝《ひざ》の上へのせて、それに眼を落としたなり、わざと何とも答えなかった。新聞には大阪と同じように、米価問題が掲げてあった。

その内に静かな茶の間の中には、かすかに人の泣くけはいが聞こえ出した。信子は新聞から眼を離して、袂《たもと》を顔に当てた妹を長火鉢の向こうに見出《みいだ》した。「ⓔ泣かなくったって好いのよ。」――照子は姉にそう慰められても、容易に泣き止もうとはしなかった。信子は残酷な喜びを感じながら、暫くは妹の震える肩へ無言の視線を注いでいた。それから女中の耳を憚《はばか》るように、照子の方へ顔をやりながら、「悪かったら、私があやまるわ。私は照さんさえ幸福なら、何よりありがたいと思っているの。ほんとうよ。俊さんが照さんを愛していてくれれば――」と、低い声で言い続けた。言い続ける内に、彼女の声も、彼女自身の言葉に動かされて、だんだん感傷的になり始めた。すると突然照子は袖《そで》を落として、涙に濡れている顔を挙げた。彼女の眼の中には、意外なことに、悲しみも怒りも見えなかった。が、ただ、抑え切れない、ⓕ嫉妬《しっと》の情が、燃えるように瞳《ひとみ》を火照らせていた。「じゃお姉様は――お姉様はなぜ昨夜《ゆうべ》も――」照子は皆《みな》まで言わない内に、また顔を袖に埋めて、発作的に烈《はげ》しく泣き始めた。……

二三時間の後、信子は電車の終点に急ぐべく、（注）幌俥《ほろぐるま》の上に揺られていた。彼女の眼にはいる外の世界は、前部の幌を切りぬいた、四角なセルロイドの窓だけであった。そこには場末らしい家々と色づいた雑木の梢とが、徐《おもむろ》にしかも絶え間なく、後へ後へと流れて行った。もしその中に一つでも動かないものがあれば、それは薄雲を漂わせた、冷やかな秋の空だけであった。

彼女の心は静かであった。が、その静かさを支配するものは、寂しい諦《あきら》めに外ならなかった。照子の発作が終わった後、和解は新しい涙と共に、容易《たやす》く二人を元の通り仲の好い姉妹に返していた。しかし事実は事実として、今でも信子の心を離れなかった。彼女は従兄の帰りも待たず、この俥上《しゃじょう》に身を託した時、既に妹とは永久に他人になったような心もちが、意地悪く彼女の胸の中に氷を張らせていたのであった。——。

信子はふと眼を挙げた。その時セルロイドの窓の中には、ごみごみした町を歩いて来る、杖《つえ》を抱えた従兄の姿が見えた。彼女の心は動揺した。俥を止めようか、それともこのまま行き違おうか。彼女は動悸《どうき》を抑えながら、暫くはただ幌の下に、空《むな》しい逡巡《しゅんじゅん》を重ねていた。が、俊吉と彼女との距離は、見る見る内に近くなって来た。彼は薄日の光を浴びて、水溜《みずたま》りの多い往来にゆっくりと靴を運んでいた。

「俊さん。」——そう言う声が一瞬間、信子の唇から洩《も》れようとした。実際俊吉はその時もう、彼女の俥のすぐ側に、見慣れた姿を現していた。が、彼女はまたためらった。その暇に何も知らない彼は、とうとうこの幌俥とすれ違った。薄濁った空、疎《まば》らな屋並、高い木々の黄ばんだ梢、――後には相変わらず人通りの少ない場末の町があるばかりであった。

「秋――」

信子はうすら寒い幌の下に、全身で寂しさを感じながら、しみじみこう思わずにはいられなかった。

（注）○グウルモン――一八四二年～一九二一年。フランスの詩人・評論家。
○ミュウズ――ギリシア神話の芸術をつかさどる女神。
○アポロ――ギリシア神話の太陽・音楽・詩などをつかさどる神。
○横ばい――昆虫の一種。　○一張羅――とっておきの衣服。
○中折れ――中折れ帽子のこと。　○幌俥――幌のついた人力車。

問一 傍線部ⓐ「旦那様に感謝しろ。その茶も僕が入れたんだ。」とあるが、この発言についての説明として、最も適当なものを、次の①～⑤のうちから一つ選べ。

① 普段、家事の手伝いをさせられている不満を、信子のいるところではらそうとして言った。

② 俊吉は普段は家事の手伝いなどをしないのに、今日はそれをさせられたので、嫌

味を言った。

③　気まずい空気がただよいそうな気配を感じて、それを救うように軽い冗談をとばした。

④　自分と信子がうちとけているので機嫌を悪くした照子を、たしなめようとして高圧的に言った。

⑤　自分だけが仲間はずれになっているのがつまらないので、無理に会話に加わろうとして言った。

問二　傍線部(ア)〜(ウ)の語句は、本文中でどのような意味に使われているか。最も適当なものを、次の各群の①〜⑤のうちから一つずつ選べ。

(ア)　詭弁を弄した。

①　こじつけの論を巧みにあやつった。

②　哲学的ないいまわしで幻惑させた。

③　自信に満ちた自説を次々と展開した。

④　あいまいな議論を巧みにもてあそんだ。

⑤　もっともな正論を堂々と展開した。

(イ) 談論風発

① 的はずれな論議を互いにかわすさま。
② 活発な論議が口をついて出るさま。
③ 激しい論議のやりとりをするさま。
④ 突然論議を始めたりやめたりするさま。
⑤ 挑発的な論議を断続的にするさま。

(ウ) 熱のある眼つき

① 高熱でうるんだような眼つき。
② 論議に疲れたような眼つき。
③ 愛情のこもった眼つき。
④ 情熱をかきたてられた眼つき。
⑤ 自信にあふれた眼つき。

問三 傍線部ⓑ「玉子を人に取られた鶏が。」と信子が考えずにはいられなかったのはなぜか。その説明として、最も適当なものを、次の①〜⑤のうちから一つ選べ。

① 俊吉と結婚するものと周囲から見られていたのに、彼は以前から自分に対しては

淡白で、そっけなく思われたので。

② 俊吉は以前から玉子に人一倍愛着が強いのに、玉子を奪われた鶏に対しては全く無関心だと思われたので。

③ 俊吉に促されて覗いた鶏小屋の中では、玉子を人に取られた鶏が無心に寝ていて、愚かに思われたので。

④ 心では俊吉を慕っていたのに、妹に俊吉を譲ったことが今は後悔され、俊吉を妹に取られたように思われたので。

⑤ 妹に俊吉を譲って結婚させたのに、今は自分が俊吉を横取りしたようで、うしろめたく思われたので。

問四

傍線部ⓒ「覚えていらっしゃい。」という妹のことばは、波線部「照さんは幸福ね。」という姉のことばをどのように受け取ったところから出たと思われるか。最も適当なものを、次の①～⑤のうちから一つ選べ。

① 姉は、冗談めかして、自分が不幸せであるということを伝えようとしている、と妹は受け取った。

② 姉は、冗談めかして、自分が妹のために犠牲となったことを責めている、と妹は

受け取った。

③ 姉は、冗談めかして、妹が自分と同じように不幸せになることを望んでいる、と妹は受け取った。

④ 姉は、冗談めかして、妹の幸せを羨望する気持ちを隠そうとしている、と妹は受け取った。

⑤ 姉は、冗談めかして、妹の幸せを素直な気持ちで喜んでくれている、と妹は受け取った。

問五

傍線部(A)・(B)の「後悔」の説明として、最も適当なものを、次の①～⑤のうちから一つ選べ。

① 信子は妹の幸福な結婚生活をうらやみ、動揺する自分の本音を思わずもらしたことを後悔し、照子はなにげない自分のことばが発端となって、仲のよい二人の間に暗い対立を引き起こしたことを後悔している。

② 信子は妹が甘えるように言ったことばに鋭く反問して、二人の仲を気まずくしたことを後悔し、照子は夫の愛に満足して無意識のうちに姉を傷つけたのを悟らなかったことを後悔している。

③ 信子は妹の幸福な結婚生活を見て、妹のために身をひいたことを後悔し、照子は姉の犠牲の上に自分の幸福が築かれていることを確認して、不用意な発言をしなければよかったと後悔している。

④ 信子は妹に俊吉を譲ったのだから幸福であるはずがない、という気持ちをほのめかしたことを後悔し、照子は幸福な結婚生活に満足して、姉を傷つけるような不用意な発言をしたことを後悔している。

⑤ 信子は妹が幸福な結婚に満足して、俊吉を譲った自分をいたわりもしないことに対して反問の形で詰問したことを後悔し、照子は強引に姉を押しのけて結婚したことを後悔している。

問六　傍線部ⓓ「彼女は新聞を膝の上へのせて、それに眼を落としたなり、わざと何とも答えなかった。」とあるが、ここには信子のどのような人柄が現れているか。最も適当なものを、次の①〜⑤のうちから一つ選べ。

① 姉として穏やかな態度で接し、妹のことばにこだわらない優しい人柄が現れている。

② 姉として同情されることにこだわらず、妹を素直に受け入れる寛容な人柄が現れ

ている。

③ 姉としての自尊心から、妹の同情に反発する心を押し隠そうとする勝ち気な人柄が現れている。

④ 姉として内心は敏感に反応して、妹のことばを気にする気むずかしい人柄が現れている。

⑤ 姉として妹に反発する心をあらわにしない気配りは示すが、割合冷淡な人柄が現れている。

問七

傍線部ⓔ「泣かなくったって好いのよ。」と、傍線部ⓕ「嫉妬の情」との説明として、最も適当なものを、次の①〜⑤のうちから一つ選べ。

① ⓔは、姉が、妹より優位な立場に立った心情を、いたわりの気持ちに託して出したことばであり、ⓕは、妹が、自分も姉も女として対等の立場にいると考えたところから出た感情である。

② ⓔは、姉が、自分も妹もともに不幸な立場に立っていると考えたところから出たことばであり、ⓕは、妹が、自分は姉よりも常に弱い立場に立たされていると考えたところから出た感情である。

③　ⓔは、姉が、妹にすまないと思い、一歩退いて妹の機嫌を直そうとした立場から出したことばであり、ⓕは、妹が、自分は姉よりも優位な立場に立ったと考えたところから出た感情である。

④　ⓔは、姉が、ささいなことで泣き始めた妹をたしなめようとする立場から出したことばであり、ⓕは、妹が、自分も姉も俊吉を愛する立場に変わりはないと考えたところから出た感情である。

⑤　ⓔは、姉が、かわいそうな妹をやさしく慰めようとする立場から出たことばであり、ⓕは、妹が、自分は姉のりっぱな人柄には及ばないと考えたところから出た感情である。

問八　この小説の終末部には、「秋」という季節が重要な背景として描かれている。そのことは主人公信子の心情とどのようなかかわりがあると思われるか。その説明として、最も適当なものを、次の①～⑤のうちから一つ選べ。

①　場末らしい家々と色づいた雑木の梢、薄雲を漂わせた秋の空などの持っているさわやかな季節感が、信子の胸の中に意地悪く氷を張らせている、妹とは永久に他人になったような寂しい心持ちと、あざやかに対比的に描かれている。

② 場末らしい家々と色づいた雑木の梢、薄雲を漂わせた冷ややかな空などのかもし出す秋の季節感が、俊吉とのわずかなつながりも切れ、妹のための自己犠牲という美しい感傷も破れた信子の、静かな寂しい諦めの心情を象徴している。

③ 黄ばんだ木々の梢や薄雲を漂わせた冷ややかな秋の空の季節感が、妹との葛藤が終わって和解が新しい涙と共に二人を仲のよい姉妹に返した後のさわやかな静けさと、それでもなお残る寂しい孤独な信子の心情とを暗示している。

④ 薄濁った空や疎らな屋並や高い木々の黄ばんだ梢などの秋の風景が、車の外の俊吉に声を掛けようかどうしようかと迷った挙げ句、結局声を掛けられなかった後のむなしさと、自己嫌悪の気持ちとが混じった信子の心情を暗示している。

⑤ 薄濁った空や疎らな屋並や高い木々の黄ばんだ梢などの晩秋の場末の町らしい季節感が、再び遠い松林の中にある寂しい茶の間の暮れ方に代表されるような日常の中に帰らなければならないという信子の心情を象徴している。

（センター試験）

問題5 堀辰雄『幼年時代』

▼本冊207ページ参照

（制限時間30分）

次の文章を読んで、あとの問いに答えよ。

私の若い頃《ころ》の友人だった、一詩人が、彼自身もっと若くて、もっと元気のよかったとき、

お前は歌ふな
お前は赤ままの花やとんぼの羽根を歌ふな

と高らかに歌った。その頃、私はその「歌」と題せられた詩の冒頭の二行に妙に心をひかれていた。それは、非常に逞《たくま》しい意志をもち、しかもその意志の陰《かげ》に(1)人一倍に繊細な神経をひそめていた、その独自の詩人が自分自身にも向かって彼の「胸先きを突き上げて来るぎりぎりのところ」を歌ったのにちがいがなかった。その勇敢な人生の闘士は、そういう路傍に生えて、ともすれば人を幼年時代の幸福な追憶に誘いがちな、それらの可憐《かれん》な小さな花を敢《あ》えて踏みにじって、まっしぐらに彼のめざす厳しい人生に向かって歩いて行こ

うとしていた。……

その素朴な詩句は、しかしながら私の裡《うち》に、(2)言いしれず複雑な感動をよび起こした。私はその僅《わず》かな二行の裡にもその詩人の不幸な宿命をいつか見いだしていた。何故《なぜ》なら、その二行をもって始められるその詩独特の美しさは、それは決してその詩人が赤まんまの花や何かを歌い棄《す》てたからではなく、いわばそれを歌い棄てようと決意しているところに、……かえってこれを最後にと赤まんまの花やその他いじらしいものをとり入れているために――そこにパラドクシカルな、悲痛な美しさを生じさせているのにちがいないのだった。若《も》しそれらを彼が本当にその詩を書いたのち綺麗《きれい》さっぱりと撥《のぞ》き去ってしまったなら、(3)その詩人はひょっとしたらその詩をきっかけに、だんだん詩なんぞは書かなくなるのではないか、という気が私にされぬでもなかった。

それほど、私はより高い人生のために、それらの小さなものが棄て去られることには半ば同意しながら、しかしその一方これこそわれわれの人生の――少くとも人生の詩の――最も本質的なものではないかと思わずにはいられない幼年時代のささやかな幸福、――それをこの赤まんまの花たちはつつましく、控えめに、しかし見る人によっては殆《ほとん》ど完全な姿で代表しているのだ。……

「それはそうと、赤まんまの花って、いつ頃咲いたかしら？　夏だったかしら？　それとも……」と私は自分のうちの幼時の自分に訊《き》く。その少年はしかしそれにはすぐ答えられなかった。そう、赤まんまの花なんて、(4)お前ぐらいの年頃には、年がら年じゅうあっちにもこっちにも咲いていたような気がするね。……

　いわばそれほど、季節季節によってまるでお祭りのように咲く、他の派手《はで》な花々に比べれば、それらの地味な花はいつ咲いたのか誰《だれ》にも気づかれないほどの、そして子供たちをしてそれがままごとに入用なときにはいつでも咲いているかのような――実はその小さな花を路傍などで見つけて、誰か一人がふいと手にしてきたのが彼らにそんな遊戯を思いつかせるのだが――心もちにさせる、いかにも日常生活的な、珍しくもない雑草だった。

　しかしながら、(5)その「赤まんま」というなつかしい仇名《あだな》とともに、あの赤い、粒々とした、花とはちょっと言いがたいくらい、何か本当に食べられそうに見える小さな花の姿を思い浮かべると、いまだに私には一人の目のきつい、横から見ると男の子のような顔をした少女の姿がくっきりと浮かぶ。それから、もう一人の色つやの悪い、痩《や》せた、貧相な女の子の姿が、その傍《かたわ》らに色褪《あ》せて、ぼおっと浮かぶ。それからその幼時の私のたった二人っきりの遊び相手だった彼女たちと、庭の無花果《いちじく》の木かげに一枚の花筵《はなむしろ》を敷いて、その上でそれらの赤まんまの花なんぞでままごとをしながら、肢体《したい》に殆どじかに感じていた土の凹凸《おうとつ》や、なんともいえない土の軟《やわ》らかみのある一種の弾性や、あるときの土の香りなどまでが……

　そうして私はそういうとき、自分の前に、或《ある》時はすっかり冬枯れて、ごつごつした木の枝を地中の根のように空へ張っていた、――或時は円い大きな緑の木蔭を落として、その下で小さい私たちを遊ばせていた、一本の無花果の木をありありと蘇《よみがえ》らせる。――「私にとって、おお無花果の木よ、お前は長いこと意味深かった。お前は殆ど全くお前の花を隠していた……」とリルケの詩にも歌われている、この無花果の木こそ、現在では私もまた喜んで(6)自分の幼年時代をそれへ寄せたいと思っている木だ。あたかも丁度私の幼年時代もまたその木と同じく、殆ど花らしいものを人目につかせずに、しかもこうやっていつしか私に愉《たの》しい生《いのち》の果実を育《はぐく》んでいてくれているとでも言うように……

（原文の表記を一部改変した）

問一　傍線部(1)「人一倍に繊細な神経」といっているが、どのような事実にもとづいて「私」はそういっているのであろうか。本文中からその事実を表している部分を二十五字以内で抜き出せ。

問二 傍線部(2)「言いしれず複雑な感動」をもたらしたものは何か。本文中から十五字以内で抜き出せ。

問三 傍線部(3)「その詩人はひょっとしたらその詩をきっかけに、だんだん詩なんぞは書かなくなるのではないか」といっているのはなぜか。本文中の語句を用いて二十五字以内で答えよ。

問四 傍線部(4)「お前ぐらいの年頃には、年がら年じゅうあっちにもこっちにも咲いていたような気がするね。」といっているが、㋐「お前」とは何かを十分に説明している部分、㋑「年がら年じゅうあっちにもこっちにも咲いていたような気がする」理由となっている部分を、本文中からそれぞれ十五字以内で抜き出せ。

問五 傍線部(5)「その『赤まんま』というなつかしい仇名とともに」以下に思い浮かべている二人の少女の姿や、土の感覚などは、どんなことを具体化していると考えられるか。傍線部までの文章の中から該当する語句を十五字以内で抜き出せ。

問六 傍線部(6)「自分の幼年時代をそれへ寄せたいと思っている木だ」とあるが、どうしてそういうのか。その理由を本文中の語句を用いて四十字以内で書け。

問七 次の鑑賞文の空欄(a)・(b)にそれぞれ適切な語を漢字で記入せよ。

右の文章の文体に注意すると、文末を「た」で止めて過去を回想することからはじめ、次第に「……」の記号を多用することによって［(a)］をもたせ、幼年時代を愛惜している。後半では、「ような」「ように」を繰り返しているが、これは、ふつう比況の［(b)］といわれているもので、明喩《ゆ》・様態などをも示すが、ここでは叙述を柔らげ、独特の雰《ふん》囲気を作り出している。

問八 次のA・B各群の中から、堀辰雄に最も関係の深いものをそれぞれ一つずつ選び、記号で答えよ。

（A群）(ア) 雪国　(イ) 菜穂子　(ウ) 破戒　(エ) 細雪　(オ) 伸子

（B群）(カ) 新心理主義　(キ) 自然主義　(ク) 写実主義
(ケ) 浪漫主義　(コ) 人道主義

（北海道教育大）

英語

大矢復
図解英語構文講義の実況中継

定価：本体1,200円+税

高校生になったとたんに英文が読めなくなった人におすすめ。英文の仕組みをヴィジュアルに解説するので，文構造がスッキリわかって，一番大事な部分がハッキリつかめるようになります。

大学入学共通テスト 石井雅勇 CD2枚付
英語［リーディング・リスニング］講義の実況中継

定価：本体2,200円+税

共通テスト英語の出題形式と攻略法を，「リーディング対策編」，「リスニング対策編」の両パートで徹底解説！ 試行テスト問題演習&オリジナル予想問題演習で，どんな問題にも対応できる実戦力を磨きます。

国語

出口汪
現代文講義の実況中継①～③ <改訂版>

定価：本体（各）1,200円+税

従来，「センス・感覚」で解くものとされた現代文に，「論理的読解法」という一貫した解き方を提示し，革命を起こした現代文参考書のパイオニア。だれもが高得点を取ることが可能になった手法を一挙公開。

兵頭宗俊
実戦現代文講義の実況中継

定価：本体1,400円+税

「解法の技術」と「攻略の心得」で入試のあらゆる出題パターンを攻略します。近代論・科学論などの重要頻出テーマを網羅。「日本語語法構文」・「実戦用語集」などを特集した別冊付録も充実です。「現実に合格する現代文脳」に変われるチャンスが詰まっています。

大学入学共通テスト
安達雄大 現代文講義の実況中継

定価：本体1,500円+税

「そもそも現代文の勉強の仕方がわからない」と悩んでいる受験生のために，現代文対策のコツを基礎から徹底解説。思考の流れを一つずつ図解で確認しながら，確実に正解にたどり着く解法を伝授します。

望月光
古典文法講義の実況中継①／② <改訂第3版>

定価：本体（各）1,300円+税

初心者にもわかりやすい文法の参考書がここにある!文法は何をどう覚え，覚えたことがどう役に立ち，何が必要で何がいらないかを明らかにした本書で，受験文法をスイスイ攻略しよう!

国語

定価：本体1,200円+税

山村由美子
図解古文読解講義の実況中継

古文のプロが時間と労力をかけてあみだした正しく読解をするための公式“ワザ85”を大公開。「なんとなく読んでいた」→「自信を持って読めた」→「高得点GET」の流れが本書で確立します。

定価：本体1,200円+税

山村由美子
図解古文文法講義の実況中継

入試でねらわれる古文特有の文法を，図解やまとめを交えてわかりやすく，この一冊にまとめました。日頃の勉強がそのままテストの得点に直結する即効性が文法学習の嬉しいところ。本書で入試での得点予約をしちゃいましょう。

定価：本体1,600円+税

大学入学共通テスト

山村由美子 古文講義の実況中継

共通テスト古文で高得点を取るための秘訣を全公開!!「単語」→「文法」→「和歌」→「総合問題演習」→「共通テスト型問題演習」と，順を追って手応えを感じながら学べます。巻末付録には，「試行テスト」を2題収録。

定価：本体1,500円+税

大学入学共通テスト

飯塚敏夫 漢文講義の実況中継

共通テスト漢文は，「漢文法」「単語」「漢詩」を押さえれば，満点が取れるおいしい科目。本書で速習攻略できます! さらに，2題の予想問題で本番を意識した対策も万全です。漢文公式を1冊にまとめた別冊サブノート付き。

地歴

定価：①・②本体(各)1,200円+税
③・④本体(各)1,300円+税

CD付

石川晶康
日本史B講義の実況中継①〜④

日本史参考書の定番『石川日本史講義の実況中継』が，改訂版全4巻となって登場!文化史も時代ごとに含まれ学習しやすくなりました。さらに，「別冊講義ノート」と「年表トークCD」で，実際の授業環境を再現!日本史が得点源に変わります!

定価：本体1,400円+税

石川晶康
日本史Bテーマ史講義の実況中継

「史学史」「女性史」「琉球・沖縄史」など必須テーマから，メインの「政治史」まで，入試頻出テーマに焦点をしぼった一冊。「論述対策」も盛り込まれた本書は，これまでの日本史学習の成果を得点力にかえる，総仕上げの一冊です。

地歴

青木裕司 世界史B講義の実況中継①～④

CD付

定価：①・②本体（各）1,300円+税
③本体1,400円+税
④本体1,500円+税

受験世界史の範囲を「文化史」も含め，全4巻で完全網羅。歴史の流れが速習できる「別冊講義プリント」&「年表トークCD」付き!定期テストから国公立大2次試験対策まで，幅広く活用できるようにまとめた至極の参考書です!

大学入学共通テスト 瀬川聡 地理B講義の実況中継①〈系統地理編〉／②〈地誌編〉

定価：本体（各）1,600円+税

どんな問題が出題されても，地形，気候，資源，人口，産業などを論理的に分析して確実に正当を導き出す力，つまり「地理的思考力」を徹底的に磨き，解答のプロセスを完全マスターするための超実戦型講義です!

公民

大学入学共通テスト 川本和彦 政治・経済講義の実況中継

定価：本体1,600円+税

政治や経済の根本的なメカニズムを「そもそも」のレベルからとことんわかりやすく解説! 過去問から厳選した超頻出の〈誤り選択肢〉を随所に挿入し，出題者の"ワナ"に引っかからないための対策をバッチリ提供します。

理科

浜島清利 物理講義の実況中継［物理基礎+物理］

定価：本体 2,100円+税

力学・熱・波動・電磁気・原子の5ジャンルをまとめて収録。物理で大切な「着眼力」を身につけ，精選された良問で応用力まで爆発的に飛躍します。1問ごとにパワーアップを実感できる1冊です。

小川仁志 化学［理論・無機・有機］講義の実況中継［化学基礎+化学］

定価：本体 2,300円+税

理論・無機・有機の3ジャンルを1冊にまとめた完全版。高校化学の学習はもちろん，難関大学の入試対策を考慮した『より実戦的な参考書』となっています。受験生の苦手な論述問題対策もカバーした充実の内容です。

大学入学共通テスト 安藤雅彦 地学基礎講義の実況中継

定価：本体1,800円+税

教科書に完全準拠し，地学基礎の全範囲を講義した，決定版参考書。覚えるべき重要事項から，考察問題・計算問題の解法まで，わかりやすく示してあります。共通テスト特有の演習問題とその解説も充実。独学者にもオススメ!

実況中継シリーズは順次刊行予定! 詳しくはホームページで!

https://goshun.com 語学春秋 検索

2020年12月現在